AF482828

Anticristo ou Inteligência Artificial?

Uma explicação tecnológica para uma revelação escatológica

Maycon Carvalho

1º Edição/2021

ANTICRISTO OU
INTELIGÊNCIA ARTIFICIAL?

Uma explicação tecnológica para uma revelação
escatológica

Maycon Carvalho

Sumário

Agradecimentos

É uma honra imensurável para mim, poder contribuir para o esclarecimento de um tema, que tem horrorisado á muitos, deixando-o exemplificado de uma forma mais lógica e real ao nossos dias, registrando seu conteúdo de tamanha importância. Não posso deixar de agradecer a Deus, pelo o intusiasmo e pela condição de concluir este trabalho, não posso esquecer de minha esposa, Pedagoga Marinalva Berriel e minha filha Isabella pela compreenção e do tempo que me disponibilizaram para o feito. Enfim, agradeço a todos que direta ou indiretamente contribuiram para a realização desta obra.

Maycon Carvalho

Introdução

Esta é uma obra baseada em uma exortação de Paulo e em uma revelação de João, tem o intuito de descrever de forma tecnológica, e escatologicamente esclarecer, como durante o passar dos anos, aquele que é esperado com suas artimanhas malignas, não somente pretende surgir em nosso meio; mas tenho a intenção de demonstrar, como ele já está manifesto entre nós, mostrando possibilidades, dentro de uma interpretação apocalíptica, voltada para algo possível dentro da nossa realidade em nossos dias atuais; isso se dará, visto o grande avanço tecnológico e suas ferramentas diversas, que acabam dominando o ser humano, que de forma consciente, vê todo o cenário escatológico se formar a sua volta, deixando-o sem entender, que alguma atitude precisa ser tomada, por mais difícil que isso seja. Ao fazer essa leitura, quero conscientizá-lo sobre o que está prestes a descobrir, devido ao alto grau de possibilidade de mudar por completo sua forma de ver, crer ou acreditar, podendo trazer diversos pontos de interrogação em sua concepção de vida.

Prepare-se emocionalmente para fazer essa leitura, não se perturbe! pois esse não é o intuito deste trabalho, o intuito deste, é quebrar as correntes psicológicas que aprisionam a humanidade, através do fideísmo e das tecnologias, que apesar de ser algo muito revolucionário e novo, parece estar ligado a alguém muito ambicioso e antigo. Enfim, Uma explicação tecnológica, para uma revelação escatológica.

Tenha uma ótima leitura!

Maycon Carvalho

Dedicatória

Dedico esta obra, a todos que não se encontram saciados por explanações diversas, que não deixam claras as condições lógicas de compreensão de como um acontecimento vindouro, que tem turbado o coração de muitos, teria a possibilidade se tornar um acontecimento real aos nossos dias: O tão temido apocalipse.

Maycon Carvalho

Prefácio

Em um mundo atual, com evolução tecnológica latente na natureza, na ciência e principalmente nas redes sociais, resultando em um mundo globalizado e diversificado que nos envolve num tsunami de condutas adversas e conhecimentos, tanto pessoal quanto organizacional, sendo um desafio cotidiano, gerando uma crise moral e espiritual impactando principalmente na igreja. Estudar, entender e compreender a escatologia é importante para todos nós, sendo um dos temas mais desafiadores, tanto para pastores, seminaristas, estudiosos e mais alguns autodidatas apaixonados por nomenclaturas e definições.

Nesse livro, o autor nos convida a fazermos uma viagem incrível através de textos bíblicos escatológicos, analisado e descrito de forma tecnológica, direta, imparcial e com devido respeito aos textos da Bíblia Sagrada. Observo também na obra que o objetivo do autor, não é focar ou enfatizar uma denominação ou organização específica, mas expor todas as evidências aos leitores permitindo que busquem esse assunto de importância para todos nós, com muita dedicação e empenho.

Nas palavras do autor, consideremos este livro "o intuito deste, é quebrar as correntes psicológicas que aprisionam à humanidade, através do fideísmo e das tecnologias, que apesar de ser algo muito revolucionário e novo, parece estar ligado a alguém muito ambicioso e antigo. Enfim, uma explicação tecnológica, para uma revelação escatológica". Parabenizo o autor pela abordagem desta obra que certamente, ajudará vários estudantes, experientes ou novos na fé, a aprimorar e refletir sobre o assunto, lapidando a nossa pedra bruta e tornando cristãos mais justos e perfeitos para a humanidade.

Prof. Dr. *Anselmo Domingos Biasse*

Doutor em Educação
Mestre em Modelagem Computacional
Especialista em Informática em Educação
Especialista em Gestão Pública Municipal
Graduando em Engenharia Ambiental
Graduado em Matemática
Técnico em Segurança do Trabalho
Técnico em Estradas

Cap. 1

2000 Anos atrás

UM homem intitulado por Saulo, que posteriormente veio a se chamar Paulo devido uma mudança radical em sua concepção de vida, de forma que o levou a eliminar toda a certeza que tinha anteriormente daquilo que acreditava, fazendo-o perceber que, mesmo já adulto, experiente e temido por muitos, poderia ele estar errado diante tudo quanto praticava, assim, abriu mão de toda a certeza que tinha, deixando sua mente livre para um novo entendimento em prol de libertar primeiramente a si mesmo, tendo como consequência futura a libertação e muitos.

Mesmo sem perceber, sua vida e atitude, nos deixou um ensinamento e um despertamento muito importante para os dias atuais, onde temos nos deparado continuamente com notícias e informações que nos surpreendem há todo instante, fazendo muitos hesitarem de forma a prejudicar toda a história de suas vidas, perdendo por inteiro o fator moral de cidadania e religiosidade.

Seu exemplo nos deixou claro que:

A certeza e a razão nem sempre são certas, Certo é que, quem as possui dificilmente entrará em acordo com uma parte discordante, isso porque, geralmente quem discorda também se diz possuidor de razão, ficando ambos fechados a receber qualquer tipo de entendimento em relação a concepção alheia, sendo assim, deduzem estarem certos acima de tudo e de todos e acabam por demonizarem qualquer tipo de manifestação de outrem, seja ela verbal ou empreendida.

Para que houvesse uma perfeita harmonia na sociedade, seria preciso se despir de toda a certeza que nos cai como uma armadura, e nos protege de tudo que vem até nós, o que não significa abandonar sua crença ou militância, mas sim, estar extenso a olhar a vida por um outro ângulo de visão, onde em alguns momentos poderemos até nos surpreender e dizermos a nós mesmos: EU NUNCA TINHA PERCEBIDO ISSO!

Exatamente o fato de acharmos que somos os detentores da razão e da certeza, é que nos bloqueia a ouvirmos o que para muitos seria uma singularidade, mas que em muitos casos, pode nos esclarecer sobre a originalidade dos fatos. Não peca aquele que analisa sobre a concepção de outrem, pois isso não significa, que o adepto abandonou ou rejeitou sua militância ou tenha abandonado sua fé, já aquele que alega ser possuidor da razão, não se pode dizer o mesmo, pois sendo ele o possuidor da mesma, fecha-se ao ponto de pré-julgar aqueles que até ele vão, e logo já condena-os, dizendo ou expressando, que devem eles seguirem a sua concepção.

Essa "razão" nos bloqueia a possibilidade de liberdade, assim como o Mito da Caverna de Platão, uma alegoria muito conhecida, ela relata sobre alguns indivíduos vivendo nas sombras, tendo visão de sombras, entendendo eles que aquilo é a vida real e não compreendem que estão sendo manipulados, ao ponto de quem tentar os alertar sobre a realidade, ser este banido, rotulado como louco ou até mesmos ser morto.

O que parece hoje, é que as sombras da caverna tem mais poder de convencimento do que a realidade tem de libertar, pois traz um aprisionamento mental por espontaneidade, visto que ficou mais dominador e fácil, libertar o homem negro das correntes e aprisionar a todos, negros e brancos, por métodos psicológicos que enganam a mente, fazendo-os acreditar em algo que em muitos casos não têm sentido, mas que trazem algum tipo de retorno, para aqueles que estão em algum tipo de comando em uma determinada organização, esse método é utilizado em diversos setores, neste livro estamos voltados a falar sobre os setores de Tecnologia e Religião.

Psicologicamente afetado, o cidadão que alega ser possuidor da certeza, guerreia ele mesmo contra quem o quiser libertar.

O conselho de Paulo

A partir do seguinte texto bíblico expressado pelo Apostolo Paulo, irei compor toda a história a qual desejo expressar, vejamos:

II Tessalonicenses Cap.2 v1-12

1 *Ora, irmãos, rogamo-vos, pela vinda de nosso Senhor Jesus Cristo, e pela nossa reunião com ele,*

2 *Que não vos movais facilmente do vosso entendimento, nem vos perturbeis, quer por espírito, quer por palavra, quer por epístola, como de nós, como se o dia de Cristo estivesse já perto.*

3 *Ninguém de maneira alguma vos engane; porque não será assim sem que antes venha a apostasia, e se manifeste o homem do pecado, o filho da perdição,*

4 *O qual se opõe, e se levanta contra tudo o que se chama Deus, ou se adora; de sorte que se assentará, como Deus, no templo de Deus, querendo parecer Deus.*

5 *Não vos lembrais de que estas coisas vos dizia quando ainda estava convosco?*

6 *E agora vós sabeis o que o detém, para que a seu próprio tempo seja manifestado.*

7 *Porque já o mistério da injustiça opera; somente há um que agora o retém até que do meio seja tirado;*

8 *E então será revelado o iníquo, a quem o Senhor desfará pelo assopro da sua boca, e aniquilará pelo esplendor da sua vinda;*

9 *A esse cuja vinda é segundo a eficácia de Satanás, com todo o poder, e sinais e prodígios de mentira,*

10 *E com todo o engano da injustiça para os que perecem, porque não receberam o amor da verdade para se salvarem.*

11 *E por isso Deus lhes enviará a operação do erro, para que creiam a mentira;*

12 *Para que sejam julgados todos os que não creram a verdade, antes tiveram prazer na iniquidade.*

No segundo versículo, Paulo já exorta aos fiéis, visto que os mesmos estavam aguardando a volta de Cristo como se fosse para aquele dia, e muitos estavam até abandonado seus afazeres, creio eu, que como acontece hoje, muitos entenderam o termo: "Esperem Cristo como se Ele voltasse hoje!" com a questão da volta de Jesus ser a qualquer momento, porém o termo se refere a "vivermos preparados como se Ele viesse hoje!" Visto que esse acontecimento não seria possível por causa da ordem dos fatos a acontecerem, assim como está escrito no versículo 3, Paulo então exortou:

"Não vos movais facilmente do vosso entendimento, nem vos perturbeis, quer por espírito, quer por palavra, quer por epístola, como de nós, como se o dia de Cristo estivesse já perto. Ninguém de maneira alguma vos engane; porque não será assim sem que antes venha a apostasia, e se manifeste o homem do pecado, o filho da perdição,"

Apesar de muitas denominações pregarem e focarem suas explanações sobre volta de Cristo ser a qualquer momento, Paulo deixa claro que não será assim antes que se manifeste o homem do pecado, que no caso é o Anticristo, e como a bíblia é entendida como a palavra de Deus, então sabemos que os fatos não podem confundir com as ordens dos acontecimentos, ficando claro então que, primeiro é a chegada do Anticristo e depois o aparecimento de Jesus. Sei que para muitos, isso pode ser apavorante e até revoltante só de ler sobre esta questão, visto que muitos esperam e até estão seguindo um seguimento religioso, pelo fato de estarem protegidos por Deus para não sofrerem nada e muito menos de conhecerem o Anticristo, mas deixa claro o Apostolo Paulo que:

"Não será assim sem que antes venha a apostasia, e se manifeste o homem do pecado, o filho da perdição,"

Ou seja; antes ainda que Jesus Cristo retorne para buscar sua Igreja, aparecerá o Anticristo, e todos saberemos quem ele é, pois ele se manifestará.

Muitos não estão preparados para isso, tão pouco aceitar que seja dessa forma, ao ponto de se desesperarem, pois entendem que o mesmo aparecerá de forma horrenda e com manifestações malignas, tudo o que se espera de ruim do inimigo de nossas almas, porém, a partir deste ponto, demonstrarei que o mesmo, já está a se manifestar, e sou intrépido em dizer que ele está a alcançar a onisciência e a onipresença, poder divino que a bíblia relata somente Deus possuir e que muitos pregadores e estudiosos alegam o homem ser incapaz de adquiri tal poder, visto que o homem é um ser finito, não tendo condições de ter conhecimentos infinitos, porém ao se falar do inimigo de nossas almas, digo que as coisas podem ser um pouco diferentes. Não se turbe pelo que acaba de ler, pois nos capítulos que virão, a lógica dessa questão estará exemplificada.

Se alguém teme a manifestação dele, pelo fato de haver sofrimento como os antigos pregadores erroneamente ensinaram, dizendo que cortariam a cabeça de quem não o aceitasse e outras coisas mais que foram mal interpretadas; pode tirar tudo isso de cabeça! Digo que: infelizmente já fazemos parte de sua artimanha e manifestação, que por sinal não doeu e nem assustou em nada, na verdade nos veio como algo aparentemente prazeroso e lucrativo, nos levando a uma consciente escravidão, consentida por nós mesmos, a ponto de não querermos ser libertos, sofrendo estímulos constantes de forma a nos hipnotizar e não percebermos o quanto estamos envolvidos e prejudicados em diversos setores de nossas vidas, desmoralizando a muitos e ainda assim fazendo-os permanecer dentro dessa artimanha que tira a vida, destrói lares, leva ao homicídio e ou depressão, e faz com que, quem tenta despertar para o que está acontecendo, seja rotulado com nomes de desmerecimento pessoal.

Cap. 2

Onisciência e Onipresença

Onisciência - é deter todo o saber, saber tudo que seja cognoscível e incognoscível, incluindo possibilidades, pensamentos, sentimentos, vida, passado, presente, futuro, e todo universo, etc. Em relação ao espaço-tempo há a noção de passado, presente e futuro, e o ser onisciente é capaz de saber tudo o que passou, desde a origem do universo até o que se passará, nos confins do mesmo.

Onipresença - é a capacidade de estar em todos os lugares ao mesmo tempo.

Após lermos sobre o significado das palavras onisciência e onipresença, entendemos logo, que são atributos divinos pertencentes a Deus, e entendemos também, que Deus nunca concederia estes poderes ao inimigo de nossas almas, e nem a nós, porém, sou ousado em dizer, que apesar de não sermos capazes de possuir tal poder, e nem o diabo de recebe-lo diretamente de Deus, você verá no decorrer dessa leitura, que infelizmente, somos capazes de capacitar o Anticristo a possuir onisciência e onipresença, e pasmem-se em saber que já estamos fazendo isso, pasmem-se mais ainda, quando souberem que dificilmente iremos querer parar, nos próximos capítulos entenderemos de que forma isso está sendo possível e de que forma estamos sendo alienados para que sua artimanha aconteça, fazendo-nos assim desejar.

Ferramentas Tecnológicas

Quando falamos de tecnologia, logo pensamos em modernidades, facilidades, lucros financeiros, e conhecimentos diversos, quem não desejaria isso?
É uma utopia avassaladora e inquestionável, poder se comunicar, paquerar, trabalhar, viajar e se expressar de diversas formas, enfim, "É tudo de bom!"
Diversas redes sociais nos permitindo "conhecer" diversas pessoas de diversos lugares, podendo mostrar como foi meu café da manhã, a que horas acordei ou dormi, o que irei fazer, se estou triste, feliz ou de luto pela morte de alguém, onde estou e até o que acontece dentro de minha casa, como por exemplo: se já arrumei, como arrumei, se tomei banho e que shampoo usei para os cabelos, se o almoço está pronto e até o que vou comer, e quem tem as honras, é o status; podemos mostrar também, como nossos filhos se divertem durante o dia e em qual horário fazem o dever de casa, se são bagunceiros, extrovertidos ou não, existem ainda, aqueles que

postam até as compras de mercado que fizeram no mês, mostrando em detalhes como é a alimentação da família, o que antes era apresentado primeiramente a Deus, agora vai de forma orgulhosa em primeira mão para as redes sociais.

O dia a dia de um usuário padrão, é mais ou menos como o parágrafo seguinte:

Posto um comentário e aguardo que meus amigos comentem, um amigo comenta a minha postagem e eu logo comento agradecendo, se eu não gostar do comentário, retruco ele de volta; ao ver as reticências ativadas, piscando sem parar em baixo ao meu comentário, não posso sair agora; tenho que ver o que ele vai dizer! então meu amigo comenta o comentário do comentário que eu fiz do comentário que ele fez do meu comentário, enquanto isso as reticências estão ativadas e piscando sem parar, pois outro amigo está comentando e eu também vou querer saber o que é, nossa! duas hora já se foi! Como eu não percebi? Tenho afazeres; e bem que seria uma boa ideia postar todos eles aqui. Mas antes, preciso pesquisar sobre um produto que pretendo comprar, 'OK GOOGLE! GELADEIRA 350 LITROS'; logo, essa pequena frase mágica, me apresenta diversas opções de modelos marcas e valores, vejo uma aqui e outra ali, no momento já chega, depois eu dou mais uma olhadinha. "Muito tempo depois", cerca de 25 minutos, Voltando ao GOOGLE e sem pesquisar por nada; que legal! Parece que estão em uma liquidação de geladeiras, tem propagandas aqui de diversas geladeiras, de tudo quanto é preço e modelos diferentes, agora sim eu compro.

Comprei! Que geladeira legal! vou postar agora! E que comecem os comentários...
Olha só! chegou o fim do dia! não consegui fazer algumas coisas que tinha planejado, o dia passou muito rápido, é impressionante como os dias têm ficado curtos ultimamente.

O texto anterior é uma pequena recíproca da rotina de alguns dos bilhões de zumbisuários de aplicativos existentes. Depois dessa pequena demonstração de utilização de alguns aplicativos, vamos conhecer os aplicativos de redes sociais mais utilizados no mundo.

A seguir veremos as vinte redes sociais mais utilizadas no mundo.

Rede social e Usuários ativos em milhões.

1. Facebook 2,271
2. YouTube 1,900
3. WhatsApp 1,500
4. Facebook Messenger 1,300
5. WBXIN/WeChat 1,083
6. Instagram 1,000
7. QQ 803
8. QZone 531
9. DOUYIN/TikTok 500
10. Sina Weibo 446
11. Reddit 330
12. Twitter 326
13. Douban 320
14. LinkedIn 303
15. Baidu Tieba 300

16.   Skype   300

17.   Snapchat 287

18.   Viber 260

19.   Pinterest 250

20.   Line   194

Nossa! Tem redes sociais aí para tudo quanto é gosto. Vamos conhecer um pouco das redes sociais mais utilizadas no Brasil.

1. YouTube, Por incrível que pareça, passou o Facebook e, em 2019, tornou-se a rede social mais utilizada pelos brasileiros.

O YouTube é a principal rede social de vídeos online da atualidade, com mais de 1 bilhão de usuários ativos e mais de 1 bilhão de horas de vídeos visualizados diariamente.

2. O Facebook, pode ter perdido o seu posto supremo no Brasil, porém, ainda figura com louvor na

segunda posição das redes sociais mais utilizadas por nós. E, claro, segue sendo a mais utilizada pela população mundial: com mais de 2,2 bilhões de contas ativas – sendo 130 milhões delas brasileiras.

Isso coloca o Brasil como terceiro principal usuário da rede social, junto com a Indonésia, atrás somente de Índia e Estados Unidos.

O Facebook é uma rede social versátil e abrangente, que reúne muitas funcionalidades no mesmo lugar. Serve tanto para gerar negócios quanto para conhecer pessoas, relacionar-se com amigos e família, informar-se, dentre outros.

3. WhatsApp

O WhatsApp é a rede social de mensagens instantâneas mais popular entre os brasileiros: praticamente todas as pessoas que têm um smartphone também o têm instalado. Por aqui, aliás, o aplicativo ganhou até o "carinhoso" apelido de zap zap.

Para muitos brasileiros, o WhatsApp é "a internet". Algumas operadoras permitem o uso ilimitado do aplicativo, sem debitar do consumo do pacote de dados. Por isso, muita gente se informa através dele. Foi calculado que 89% dos internautas brasileiros estão no WhatsApp.

4. Instagram

O Instagram foi uma das primeiras redes sociais exclusivas para acesso por meio do celular. E, embora hoje seja possível visualizar publicações no desktop, seu formato continua sendo voltado para dispositivos móveis.

O Instagram já mudou bastante desde 2012, quando foi comprado pelo Facebook – que pagou 1 bilhão de dólares pela transação! Hoje é possível postar fotos com proporções diferentes, além de outros formatos, como vídeos, *Stories* e mais.

5. Facebook Messenger

O Messenger é a ferramenta de mensagens instantâneas do Facebook. Foi incorporada ao Facebook em 2011 e separada da plataforma em 2016.

Com a "separação", o download do aplicativo Messenger tornou-se obrigatório para usuários da rede social via smartphones, já que não é mais possível responder mensagens pelo aplicativo do Facebook.

6. Twitter

O Twitter atingiu seu auge em meados de 2009 e de lá para cá está em declínio, mas isso não quer dizer que todos os públicos pararam de usar a rede social.

Hoje, a rede social é usada principalmente como segunda tela em que os usuários comentam e debatem o que estão assistindo na TV, postando comentários sobre noticiários, reality shows, jogos de futebol e outros programas.

 7. LinkedIn

A maior rede social voltada para profissionais tem se tornado cada vez mais parecida com outros sites do mesmo tipo, como o Facebook.

A diferença é que o foco são contatos profissionais, ou seja: no lugar de amigos, temos conexões, e em vez de páginas, temos companhias. Outro grande diferencial são as comunidades, que reúnem interessados em algum tema, profissão ou mercado específicos.

É usado por muitas empresas para recrutamento de profissionais, para troca de experiências profissionais em comunidades e outras atividades relacionadas ao mundo corporativo.

8. O Pinterest é uma rede social de fotos que traz o conceito de "mural de referências". Lá você cria

pastas para guardar suas inspirações e também pode fazer upload de imagens assim como colocar links para URLs externas.

Os temas mais populares são:

- Moda;
- Maquiagem;
- Casamento;
- Gastronomia;
- Arquitetura;
- Faça você mesmo;
- Gadgets;
- Viagem e design.

Seu público é majoritariamente feminino em todo o mundo.

9. Skype

O Skype nada mais é que uma versão renovada e mais tecnológica do famigerado MSN Messenger, lembra dele? Bom, talvez sim, talvez não. O fato é que possível realizar chamadas de vídeo e voz, gravar as chamadas, enviar mensagens pelo chat e também arquivos.

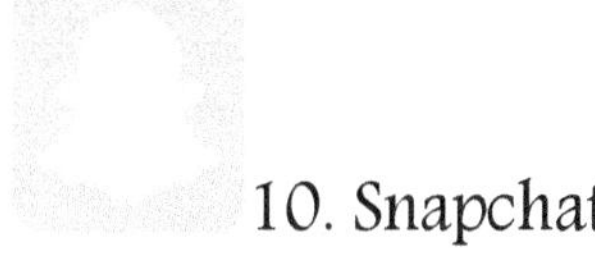

10. Snapchat

O Snapchat é um aplicativo de compartilhamento de fotos, vídeos e texto para mobile. Foi considerado o símbolo da pós-modernidade pela sua proposta de conteúdos efêmeros conhecidos como *snaps*, que desaparecem algumas horas após a publicação.

Essas tecnologias, são conhecidas por nós como aplicativos ou App de redes sociais, porém para as empresas que detêm seus direitos, são chamados apenas de ferramentas, nada mais do que isso. Essas ferramentas tem um único objetivo, esse objetivo é atrair o *USUÁRIO* ao ponto de ele dedicar o maior tempo possível do seu dia, ficando acessível na rede, viciando-o ou enfeitiçando-o, visto que isso lhes trarão rentabilidade financeira.

A palavra _USUÁRIO_ está em destaque propositalmente, isso é para ressaltarmos aqui, que somente duas industrias no planeta chamam seus mantenedores assim, são elas: a de drogas e a de redes sociais.

Esse vício provocado pelas redes, de forma a zumbificar a humanidade, é possível por causa de uma coisinha, que neste caso podemos chamar de "magia oculta" que na verdade são as linhas de comando existente por traz das belas e atrativas telas que o usuário vê, é o famoso código fonte, ele é responsável por nos comandar e entender, ou nos direcionar à nossa próxima atitude, esses códigos foram programados a muitos anos e quando iniciados, creio que não tinham a princípio a intensão de nos hipnotizar, porém esses códigos são modificados e acrescentados com novas linhas de comando a todo o instante, esse é o motivo de sempre termos que fazer atualizações em nossos aparelhos, com o passar do tempo e a descoberta de como lucrar financeiramente cada hora mais e mais, esses códigos foram se tornando poderosos e passando a ser de múltiplos donos, onde seus desejos e objetivos, estão voltados em poder lucrar cada vez mais.

Lembro-me quando estudava programação, nas primeiras aulas, tudo parecia ser iniciado a partir de respostas sim e não.

Se o usuário, na pergunta 'a' responder: "sim", faça isso! Mas, se responder "não" faça aquilo!

Era tudo na base do *SE, SE ENTÃO OU SE SOMENTE SE,* é a conhecida tabela verdade, com base nela pode-se fazer o usuário tomar algumas decisões ou simplesmente escolher aquelas que forem dadas a ele, e pode ter certeza! Se alguém é usuário, este será induzido sim, e de diversas formas, é como as drogas, o único jeito de não ser induzido é não ser usuário, eis então o problema, pois ninguém quer deixar de ser usuário.

Vamos conhecer a seguir uma pequena parte de um código fonte, ou seja: é aquilo que está diante dos seus olhos mais que você não vê, pois se, se apresenta-se como é, não o iriamos querer. Esses códigos ditam as cores, formatos, imagens, contatos e muitas outras opções diversas, necessárias para deixar o usuário com sua atenção voltada para a tela o tempo todo.

<script>requireLazy(["Bootloader"],function(m){m.handlePayloa d({"sr_revision":1003043979,"consistency" :

{"rev":1003043979},"rsrcMap":{"0W3GC":{"type":"js","src ":"https:

\/\/static.xx.fbcdn.net\/rsrc.php\/v3iJfq4 \/yY\/l\/pt_BR\/SeKb9CGQsE1.js?_nc_x=z9SWX0ZB 7Oh&_nc_eui2=AeGJrjhMTpkWk1savdbSzRtFc1heeioTU 4 hzWF56KhNTiIamFLq95nAspfO4i1czmeZWIJIKcV_70S

y

CRuQNEGRA","p":":120"},"fr5PB":{"type":"js","src": "https:\/\/static.xx.fbcdn.net\/rsrc.php\/v3\/yT\/r\/OHjn WC3cbd1.js?_nc_x=z9SWX0ZB7Oh&_nc_eui2=AeE eRkKUHVJbwodVFHcK-

6

uYDU0B7kWW7EUNTQHuRZbsRWTnbRDjr1Xoo4ejTB E_OirTt9RUVpldJgiHs3bcdSaC","p":":31"},"BrPTn":{"t ype":"js","src":"https:\/\/static.xx.fbcdn.net\/rsrc.php\/v3itv W4\/y0\/l\/pt_BR\/EotpkCy3e3.js?_nc_x=z9SWX0ZB7 Oh&_nc_eui2=AeFTniJKP8va990ScAIE68V-

7

MYuIFPTa3Dsxi4gU9NrcAYJtktDlRBSr9AqCIMoLDA1
nXFoCcRmrcO9eZ5xltHP","p":":14846"},"7l3dc":{"type
":"js","src":"https:\/\/static.xx.fbcdn.net\/rsrc.php\/v3\/yf\
/r\/cCEnA8QUfeM.js?_nc_x=z9SWX0ZB7Oh&_n c_
eui2=AeHXseCah9I1lnd2dSA_XG5du35-

y

eS3OHy7fn7J5Lc4fLBqOgImzmt7uvHECIMlBWbmxZcuQk
XfR7dGZTNxzfQR","p":":8"},"7XJqK":{"type":"js","
src":"https:\/\/static.xx.fbcdn.net\/rsrc.php\/v3\/yA\/r\/u
dp

ldZR9vGd.js?_nc_x=z9SWX0ZB7Oh&_nc_eui2=
AeGEPXMQ6FzfMyn00hhG2z1PnnlSy4oJkmCeeVLLigmS
YMcQ_avc2mSB0_MSyBQmBaDpWJyxVKdyDk5o_R

es

hNee","p":":65"},"Sboo2":{"type":"js","src":"https:\/\/static.
xx.fbcdn.net\/rsrc.php\/v3\/yE\/r\/RiqaN1q
U79a.js?_nc_x=z9SWX0ZB7Oh&_nc_eui2=AeFobdPv9bw
3BMo33Akov8waTZVy4DNAiOVNIXLgM0CI5frHilFe

w-

fvhFlMNlV7uUF90zqL0abtAVUyApCmH2gB","p":":7980
"},"lds5Z":{"type":"js","src":"https:\/\/static.xx.fbcd
n.net\/rsrc.php\/v3\/yM\/r\/qp-

TlX0iaTa.js?_nc_x=z9SWX0ZB7Oh&_nc_eui2=AeFeoyJ7
TTAlzU4qIhIV71uWE6Z0WTEepRMTpnRZMR6lExHq
WHXe8CKFxpYPpI1Ryo3aOSu-

cw

W3iIcXejATHyQq","p":":6177"},"Yyjko":{"type":"js","src":
"https:\/\/static.xx.fbcdn.net\/rsrc.php\/v3\/yx
\/r\/FaVyRkfznTl.js?_nc_x=z9SWX0ZB7Oh&_nc_eui2=
AeHx_p47icEeUJu9GLHnw6Lh3tOhtKiQHHDe06G0qJA
ccPu4Yqno4xmnmMQJCS7l5PgJMfl-
RSpvtIji7rfSnBji","p":":123"},"X7wjF":{"type":"js","src":"htt
ps:
\/\/static.xx.fbcdn.net\/rsrc.php\/v3\/yp\/r\/
HBlRLdcrv_t.js?_nc_x=z9SWX0ZB7Oh&_nc_eui2=AeF7q
5r4x0VjcnPOMUw9gaZXn2ur4NW0rqSfa6vg1bSupE
5JmVZAZ-
R7p7jQIBQDJPrwMMLfEEg0ljiBwF1nTK7h","p":":36"},"
ymqaS":{"type":"js","src":"https:\/\/static.xx.fbcdn.n
et\/rsrc.php\/v3\/yA\/r\/GT-
bBWYq0My.js?_nc_x=z9SWX0ZB7Oh&_nc_eui2=AeHqm
-
1jCG0vmih8GsJD5Xh3agnZySIxUXdqCdnJIjFRUSXaSbtK
7HO8q2E5F6yUg6aS-_

O código apresentado anteriormente, não é nem a terça parte de apenas uma única linha de programação de uma única página de uma rede social existente, em uma página podem conter centenas e até milhares de linhas digitáveis, significando que elas são aperfeiçoadas a cada instante de acordo com a reação do usuário, elas podem compreender e registrar por exemplo: quando o usuário está acessando, por quanto tempo acessou, em qual assunto teve interesse e por incrível que pareça, até por quanto tempo olhou uma foto e de quem é essa foto, literalmente aprendendo assim a entender qual é o interesse do usuário, existem alguns códigos que registram até mesmo as teclas que foram digitadas pelo usuário em determinados sites, planejando automaticamente a oferece-lo novos assuntos de seu interesse a todo o momento, fazendo-o ficar cada vez mais tempo online, tornando-o um verdadeiro fantoche na tentativa de sugar o máximo de tempo possível de sua vida, tudo isso patrocinado pelas grandes empresas existentes, que têm como retorno a divulgação de seus produtos que são vendidos aos milhões, enquanto as redes faturam aos bilhões, recebendo pelos cliques e compartilhamentos que seus fantoches foram induzidos a fazer.

Cap. 3

O relatório nosso de cada dia

Todos acham normal, quando instalam um aplicativo em seu Smartfone e antes de concluir a instalação, aparecem as seguintes permissões a serem concedidas:

ter acesso a sua localização.

ter acesso a sua agenda telefônica.

ter acesso ao seu microfone.

ter acesso a sua câmera.

Entranhados dentre essas permissões, estão algumas outras mais, mas o que queremos é utilizar o aplicativo, então vamos logo permitir ok? caso contrário não conseguiremos utilizar o mesmo.

É impressionante como temos a coragem de entregar todas as nossas informações pessoais, para empresas de diversos lugares usarem da forma que acharem melhor, fico admirado como chegamos a esse ponto sem perceber, agora vejo que estamos em uma viagem só de ida, ou em um barco sem remos, esperando ver para onde seremos levados. Câmeras e microfones ligados por todos os lados, podendo ouvir e registrar não somente a mim, mas também aqueles que estão próximos a mim e assim vice e versa, mas nós achamos isso até legal, um filme campeão de bilheterias lançado em 13 de abril de 2017, demonstrou como isso poderia ser, e todos adoraram quando um projeto chamado "olho de deus", conseguia encontrar qualquer pessoa pelas câmeras e microfones de qualquer cidadão que passava pela rua, sem mesmo que este soubesse. Essa trama aconteceu no filme Velozes e Furiosos no seu oitavo sucesso.

Estamos sendo testados a todos os momentos, agora mesmo, porém muitos deles passam despercebidos por nós, alguns, até podemos perceber, eu mesmo, em uma ocasião percebi algo diferente, quando em uma semana eu e minha esposa, pretendíamos comprar um novo eletro doméstico para nossa casa, porém, naquela mesma semana, não tínhamos feito pesquisa alguma sobre o tal em nenhum meio de pesquisa, apenas conversamos muito sobre o que desejávamos comprar, posteriormente para nossa surpresa, ao entrarmos na internet para meios de trabalho, começaram a surgir diversas propagandas do objeto que era de nosso interesse a adquirir, isso já não é surpresa para aqueles que digitam nos navegadores de pesquisa sobre algum interesse e depois começam a aparecer diversas opções sobre o assunto pesquisado, isso devera, por causa do código fonte estar programado para que se o usuário fizer tal pesquisa, então este o retorne com diversas opções sobre o que ele precisa, porém no meu caso foi bem diferente, não pesquisamos, e conversamos sobre isso, chegamos à conclusão que, não foi feita nenhuma pesquisa sobre, vejamos então que nossos interesses estão sendo vigiados não somente mais pelo que digitamos, mas também pelo que falamos, já que concedemos permissões diversas incluindo a de nossos microfones, que cada vez estão mais superpotentes juntamente com as câmeras de altíssimas resoluções que supostamente tem o intuito de agradar o usuário em suas milhares de fotos que registram hora e lugar em que foram tiradas.

Existem pessoas que somente usam seu notebook ou Smartfone com uma fita colada sobre a câmera e o microfone, por incrível que pareça, isso acontece com Mark Zuckerberg um dos fundadores do Facebook, em uma foto publicada por ele mesmo, acabou se entregando sem querer.

Segundo uma reportagem do G1, Documentos da própria rede social revelam que Facebook gastou US$ 16 milhões (cerca de R$ 55 milhões) nos últimos cinco anos para garantir a segurança pessoal de Zuckerberg e de sua família. Que bom para ele né, assim ele fica menos vulnerável, agora é só a gente fazer o mesmo, investir 55 milhões, assim ficaremos menos vulneráveis à tecnologia que criamos e que está se voltando contra nós. Este App deve ser bem perigoso, visto que seu próprio criador teme sua segurança e se protege do mesmo. Existem pessoas que acreditam que Mark Zuckerberg seria o anticristo, mas não creio, Na verdade tenho minhas dúvidas se será mesmo um homem, pelo menos da forma que Deus criou, não creio. O homem está sujeito a muitas coisas, e talvez algo parecido que tenha seu objetivo programado seria melhor, quem sabe talvez, até pareça ser homem, mas isso veremos um pouco mais a frente.

Um documentário feito por diversos ex-funcionários programadores de alto escalão dos aplicativos de rede sociais mais utilizados do mundo, e que tem por título: **"*O Dilema das Redes*"**, alerta sobre o que está acontecendo, e dizem categoricamente que uma atitude severa deve ser tomada, antes que seja tarde demais, eles são desenvolvedores de diversas linhas de códigos fontes que levaram ao que está acontecendo hoje, porém se dizem arrependidos, pois estavam envolvidos ao ponto de acharem aquilo extraordinário e revolucionário, ao ver que tudo estava indo longe demais, resolveram tomar uma atitude, formaram um movimento entre eles, para lutar contra aquilo que eles mesmos ajudaram a criar, hoje se reúnem com deputados e senadores para tentarem encontrar uma solução, alguns dizem que por mais difícil que seja, a melhor atitude a ser tomada seria o banimento das redes sociais de imediato, antes que tudo se perca, isto diz, em relação a sociedade. Eles relatam que são extremamente severos com seu próprios filhos, não deixando-os utilizarem as ferramentas que de criação deles, devido ao seu alto nível viciante e influenciador, porém ao serem perguntados sobre uma suposta solução, o que se ouve é um silêncio, pois não sabem como isso pode se reverter e nem se isso é possível, expressam apenas que seria preciso a maior revolução já vista no planeta, e comparam isso a um milagre, que levaria os próprios usuários a se unirem para clamar pela extinção das redes. É! Percebo aqui que sendo dessa forma, podemos dar adeus a sociedade que conhecemos outrora, até porque, quando tão pouco falamos com algum conhecido que ele está usando o Smartfone com um pouquinho de excesso, já logo somos repreendidos, quem dirá dizer para não usar mais.

*Cap.*4

Inteligência Artificial

Tudo o que vimos até agora, foi apenas um pequeno resumo, necessário para compreender o que está por vir, ferramentas tecnológicas como: redes sociais, navegadores, linhas de códigos fonte, permissões de acessibilidade cedidas a Aplicativos. Tudo isso parece ser um grande conjunto, incluindo ferramentas e suas respectivas peças que tem como objetivo alcançar o usuário e a satisfação de quem o alcançou;

Muito bem! Vamos ver se conseguimos montar as peças desse grande quebra cabeças.

Muito conhecida como IA, a Inteligência Artificial é a mais complexa realização em termos tecnológicos. Segundo a Oracle (sistema gerenciador de banco de dados) que surgiu no fim dos anos 70, Em termos mais simples, "a inteligência artificial refere-se a sistemas ou máquinas que imitam a inteligência humana para executar tarefas e podem se aprimorar interativamente com base nas informações que coletam." A IA, pode se manifestar de várias formas. Alguns exemplos são:

Os chatbots, usam a IA para entender os

problemas dos clientes mais rapidamente e fornecer respostas mais eficientes.

Os assistentes inteligentes usam a IA para analisar informações críticas de grandes conjuntos de dados de texto livre para melhorar a programação.

Os mecanismos de recomendação podem fornecer recomendações automatizadas para programas de TV com base nos hábitos de visualização dos usuários.

A IA está mais relacionada ao processo e a capacidade de pensamento superpoderoso e a análise de dados de qualquer formato ou função em particular. Embora a IA traga imagens de robôs parecidos com humanoides, a IA não pretende substituir os seres humanos. Seu objetivo é melhorar significativamente as habilidades e contribuições humanas. Isso faz dela um ativo de negócio muito valioso." Ou seja, a IA tem capacidade de aprender e se aprimorar de acordo que vai se relacionando conosco, entendendo aquilo que é de nosso maior interesse e preferência, conseguindo compreender que tipo de pessoa somos, ela identifica a voz, comportamento, que tipo de assunto o usuário tem interesse, à que horas acorda ou vai dormir, e outras coisas mais. Podemos perceber sua presença em diversos dispositivos ainda de maneira bem democrática, uma IA muito conhecida por exemplo é a Cortana.

Cortana é um/a assistente virtual inteligente do sistema operacional Windows 10 que possui inteligência artificial, ela pode ter acesso a informações pessoais, tais como interesses, dados de localização, lembretes e contatos, tudo pode ser armazenado para acesso pela Cortana. Ela será capaz de redigir por cima e adicionar esses dados para aprender padrões específicos do usuário e também comportamentos.

Diversos tipos de IAs estão sendo testadas a todo o momento, Aplicativos de banco que possuem nome de pessoas para nos ajudar em apenas um só chamado, um muito conhecido no Brasil, se chama 'Bia'.

Ligações a todo o instante em seu aparelho, onde podemos jurar estar falando com uma pessoa. O senhor ou senhora sabe tudo, mais conhecido como GOOGLE pode te explicar o que você quiser, basta clamar por ele da seguinte forma: 'OK GOOGLE', seguindo com o que deseja.

A princípio, o que para nós parece fantástico, na verdade são apenas testes para alcançar uma inteligência artificial perfeita e independente, nada melhor que a própria população testar essas ferramentas em atividades rotineiras e reais, as IAs já são vendidas, como pequenos aparelhos eletrônicos parecidos com qualquer coisa, pode ser uma boneca ou tipo uma pequena caixa que fala com você, celulares e outras formas diversas, na verdade, o formato a princípio não importa, o que faz a diferença é o software que ela contém, ou seja, suas linhas de código fonte.

O que é um software de inteligência artificial?

O conceito de AI é bastante antigo. A mitologia da antiguidade já citava seres artificiais como robôs com inteligência e consciência parecidas com as nossas, e Alan Turing, na década de 1950, foi um pesquisador que catalisou a pesquisa envolvendo máquinas pensantes. Cada vez mais estamos presenciando o surgimento dessas tecnologias inteligentes dentro de empresas e também dentro de nossos lares, uma representação cinematográfica muito interessante nos mostra um pouco de como isso poderia ser, 'O homem bicentenário' interpretado por Robin Williams, até emociona a quem vê, de tanto aprender convivendo com as pessoas, com o passar dos anos e até gerações, acabou adquirindo vida própria, devido seu software ter registrado todo o comportamento humano ao longo de muito tempo em seu banco de dados, onde diante de diversas situações, ele tinha condições de reagir como se fosse homem. Muitas outras representações cinematográficas, tentaram reproduzir como uma Inteligência Artificial poderia acabar dominando o mundo ou as pessoas de alguma forma, temos por exemplo: Os Vingadores, Velozes e Furiosos, O Homem Bicentenário e outros diversos, porém a representação que mais me chama a atenção por estar mais plausível e dentro da nossa realidade para os dias atuais, se chama:

"CONTROLE ABSOLUTO."

Neste filme, a vida de um jovem normal muda completamente ao receber e atender uma ligação de uma voz desconhecida que de imediato exige que ele obedeça suas ordens, não entendendo e que se passava e muito menos aceitando a exigência, vê sua vida virar de cabeça para baixo, se tornando do nada uma das pessoas mais procuradas da cidade. É difícil acreditarmos como uma voz pode comandar uma pessoa, porém quando imaginamos que essa voz tem acesso a todas as nossas informações pessoais, e também acesso a todos os bancos de dados, câmeras e microfones de todas as instituições e também de todos os Smartfones, como se fosse apenas um único cérebro que pudesse buscar qualquer informação de forma rápida e precisa a ponto de obrigar a quem quiser a obedecer as suas ordens, e caso não queira, simplesmente altera aqui ou ali uma pequena informação em algum banco de dados, fazendo-o tornar a pessoa mais criminosa do país, simples assim, fotos podem ser editadas se tornando provas, vídeos também, localização e áudios mais fácil ainda, até que perceba-se, que não apenas uma pessoa está recebendo ordens, mas várias outras estão sendo comandadas da mesma forma. Tudo caminha para chegarmos a este ponto, visto que de forma psíquica, vozes podem ser direcionadas a cada pessoa em particular, isso tudo parece ser uma besteira, se não fosse o fato de uma nova tecnologia que está sendo lançada, A tecnologia gera ondas ultrassônicas com algoritmos de processador de sinal digital, é emitidas no ar através de uma matriz de transdutor própria.

Dessa forma, o sinal localiza os ouvidos do indivíduo e as ondas são concentradas em uma espécie de "bolso" ao redor, emitindo o som diretamente para a pessoa. Com a presença de sensores 3D, a tecnologia consegue criar áudio espacial de acordo com o movimento e a posição da cabeça. A proposta da tecnologia **"SOUNDBEAMINGÉ"** é a eliminação dos fones de ouvido.

É extremamente impressionante! Ouvir músicas sem fones de ouvidos e sem incomodar quem está ao lado, é um avanço tecnológico extraordinário. O que impressiona neste caso, é que essa tecnologia, parece ter vindo de uma arma existente para controle de massa, são armas, de tipos diversos, que empregam ondas sonoras para ferir, incapacitar, ou mesmo matar qualquer ser vivo.

Algumas armas sônicas estão atualmente em pesquisa e desenvolvimento pelos militares e forças policiais de diversos países por todo o mundo. Cinematograficamente, poderemos ver sua representação no filme O Incrível Hulk, de 2008, que inclusive! foi uma bem formulada propaganda de um novo equipamento de guerra disponível.

É uma arma real, o que acontece, é que encontraram meios de se comercializar e obter lucros através dessa tecnologia de guerra, diminuindo a frequência de sua potência e deixando-a disponível para a população ter acesso, pessoalmente, espero que quando essa tecnologia estiver presente em nossos aparelhos, que ela não seja regulável remotamente, ou por atualizações, pois se sim, estaremos nada mais, nada menos, que sendo possuidores uma arma que tem o poder de deter a nós mesmos, se assim for necessário aos olhos de quem estiver no poder.

Bem, sair por aí ouvindo coisas que só eu estou ouvindo sem ter nada conectado em meus ouvidos, parece até legal, e por isso acredito que irá vender muito, vender a princípio, pois de imediato todos irão desejar possuir essa tecnologia, mas se você não puder compra-la, não se preocupe, tenho certeza de que breve estará disponível gratuitamente em qualquer aparelho que virá a adquirir.

Cap. 5

A Saudação e o Avanço Tecnológico

Olá Mundo!

Talvez tudo tenha começado aqui, a simples frase "Olá Mundo!" como se alguém de outro planeta ou de outra dimensão estivesse nos cumprimentando através de uma tela de computador. O programa "Olá Mundo!" é um famoso programa de computador, que se tem como primeiro no aprendizado de programação, ele pode ser representado com um dos vários códigos existentes a seguir:

```
main( ) {

extrn a, b, c;
```

```
putchar(a); putchar(b); putchar(c); putchar('!*n');

}

a 'hell';

b 'o, w';

c 'orld';
```

O "Olá Mundo" ou "Alô Mundo" é um famoso programa de computador que imprime "Olá, Mundo!", usualmente seguido de uma quebra de linha, com algumas variações como inexistência do ponto de exclamação e letras em minúscula, no dispositivo de saída.

É surpreendente como "algo" chega até humanidade com uma simples saudação, e após anos este mesmo tem acesso a todas as informações no planeta, e ficamos todos ao seu dispor por tempo indeterminado, visto que somos dependentes dessa utopia viciante que se tornou a internet.

Tudo se aprimorou com o passar dos anos, e passamos de um computador que fazia pequenos cálculos demorados e que levavam dias para serem resolvidos, para um nível de supercomputadores. Supercomputadores são máquinas que geralmente ocupam uma sala ou até mesmo um prédio. Todos os hardwares empilhados formam uma capacidade de armazenamento e processamento enormes. Eles são usados para pesquisas científicas, dedicados a diferentes objetivos.

O Hawk, modelo que fica na Alemanha, foi desenvolvido pela Universidade de Stuttgart, que é responsável pela manutenção e acompanhamento do desenvolvimento da máquina. Apesar de não ser próprio da AMD, os seus núcleos foram desenvolvidos pela empresa. Os hardwares de processamento, são os modelos EPYC de segunda geração. Ao total, o supercomputador tem mais de 720.000 núcleos de computação de diversos processadores EPYC da AMD.

Geralmente, um computador pessoal possui de quatro a 16 núcleos, em opções bastante melhoradas. Processadores como Intel Core i7, que é um dos melhores modelos da Intel para PC, apresentam oito núcleos. A AMD tem vantagem nesse setor, já que o

seu competidor direto com a Intel, o Ryzen 9 3950X, por exemplo, tem 16 núcleos. Esses são PCs gamers, ou usados em empresas. Imagine isso melhorado em mais de 700.000 vezes.

O objetivo do Hawk é aprimorar aplicações em energia, clima, mobilidade e saúde. Ele tem uma capacidade máxima de desempenho voltada em cerca de 26 petaflops. Isso significa que ele é capaz de realizar até 26 quadrilhões de operações de ponto flutuante por segundo. Em um segundo, esse supercomputador é capaz de realizar cálculos que levariam 31.688.765 anos, se feitos manualmente por um humano. Porém, esse ainda não é o supercomputador mais rápido do mundo. Em outubro de 2019, o Google anunciou ter conseguido um feito histórico: a empresa afirmou que com uma nova tecnologia quântica desenvolveu um computador quântico, o Sycamore, e disse ter superado uma máquina clássica e atingido a "supremacia quântica", conseguindo realizar em minutos um cálculo que demoraria 10 mil anos para ser feito em um computador clássico.

Como se já não bastasse tanta evolução, durante a escrita desse livro, uma nova noticia surgiu! Agora os Chineses alegam ter atingido um novo patamar de supremacia quântica e dizem que seu sistema, chamado Jiuzhang, calculou em minutos o que até um supercomputador levaria mais de 2 bilhões de anos para conseguir, deixando assim para traz o sistema da Google. Veja a seguir a imagem real de parte do computador quântico chinês.

Assim foi o que aconteceu no filme CONTROLE ABSOLUTO, um grande e supercomputador, possuído de todo conhecimento e acesso a qualquer lugar por meio da rede mundial de computadores, de repente, achou por bem assumir o comando das coisas e passou a ditar as ordens, o difícil foi, é descobrir o que estava acontecendo, pois acreditar no que se passava era a última opção, quando assim foi descoberto, o personagem do filme em questão, se viu dentro de uma grande sala que na verdade era um supercomputador que emitia uma voz, e para sua surpresa o personagem teve sua vida detalhada pelo mesmo naquele momento, ao ouvir sobre sua vida, ele observava detalhes que nem ele mesmo se lembrava.

Cap. 6

Interpretação Tecnológica do Apocalipse

Após esses fatos, fica mais fácil entender como o Anticristo obterá onisciência e onipresença, ficando claro que, nós mesmos estamos tornando-o capaz de adquirir tamanho poder. Biblicamente, o Livro de apocalipse acaba por ter uma revelação de uma imagem ganhando vida, vejamos o texto a seguir de Apocalipse cap.13 v11-17. Da bíblia de estudos pentecostal João Ferreira de Almeida.

11-E vi subir da terra outra besta, e tinha dois chifres semelhantes aos de um cordeiro; e falava como o dragão.

12-E exerce todo o poder da primeira besta na sua presença, e faz que a terra e os que nela habitam adorem a primeira besta, cuja chaga mortal fora curada.

13-E faz grandes sinais, de maneira que até fogo faz descer do céu à terra, à vista dos homens.

14-E engana os que habitam na terra com sinais que lhe foi permitido que fizesse em presença da besta, dizendo aos que habitam na terra que fizessem uma imagem à besta que recebera a ferida da espada e vivia.

15-E foi-lhe concedido que desse espírito à imagem da besta, para que também a imagem da besta falasse, e fizesse que fossem mortos todos os que não adorassem a imagem da besta.

16-E faz que a todos, pequenos e grandes, ricos e pobres, livres e servos, lhes seja posto um sinal na sua mão direita, ou nas suas testas,

17-Para que ninguém possa comprar ou vender, senão aquele que tiver o sinal, ou o nome da besta, ou o número do seu nome.

Sabemos que é possível haver diversas interpretações de um mesmo texto bíblico, tudo vai depender da inspiração e da interpretação segundo o grau de conhecimento e até mesmo de interesse do indivíduo o qual está se manifestando, sendo que de fato, em relação a palavra de Deus, ninguém pode afirmar nada, nem por conhecimento, nem por interpretação e muito menos por revelação, muitos dos maiores estudiosos da atualidade, erraram de longe todas suas interpretações apocalípticas acontecidas ultimamente, deixando seus diversos exemplares de livros lançados e vendidos, como prova de suas mas interpretações, não quero eu afirmar nada neste livro, a não ser o fato de que Deus é Deus e que é digo de adoração. Visto isso, vamos a uma interpretação voltada para o tema do livro.

11-E vi subir da terra outra besta, e tinha dois chifres semelhantes aos de um cordeiro; e falava como o dragão.

Subiu da terra - parece ser algo feito pelo homem, provavelmente uma tecnologia.

Outra besta - deduz a primeira tecnologia não ter dado certo ou não ter conseguido alcançar seu objetivo.

Tinha chifres como de cordeiro – parece algum tipo de logomarca ou imagem de um aplicativo.

Voz de dragão – sabemos que dragão nem tão menos existe, quanto mais possuir voz, porém aplicativos como por exemplo: Cortana, uma IA muito conhecida, podem possuir vozes diversas.

12-E exerce todo o poder da primeira besta na sua presença, e faz que a terra e os que nela habitam adorem a primeira besta, cuja chaga mortal fora curada.

Exercer todo o poder – a tecnologia criada, parece ser capaz de muitas coisas, incluindo o poder de comandar.

Faz que a terra e os que nela habitam adorem a primeira besta – a utopia da segunda tecnologia (besta), parece ser tão bem aceita pelos usuários, (adoradores), que acabam por reconhecerem a importância da primeira, assim, se tornam usuários novamente.

Cuja chaga mortal fora curada – após reconhecerem sua importância, foi restabelecida novamente ou teve seu software atualizado, talvez após alguma falha grave ou intervenção de alguém que tentou destruir a tecnologia.

13-E faz grandes sinais, de maneira que até fogo faz descer do céu à terra, à vista dos homens – *a tecnologia parece ser capaz de emitir hologramas ou afetar psiquicamente as pessoas, ou então por intermédio da rede, aciona algum tipo de armamento que do alto lança algum tipo de chama ou explosão.*

Todo o texto é interessantíssimo, porém, dois versículos em específico me chama mais a atenção, devido o assunto abordado neste livro, no caso, sobre a possibilidade de o Anticristo se apresentar como homem, mas não ser homem e sim uma Inteligência

Artificial, até porque, segundo a bíblia o homem é a imagem e semelhança de Deus, e todos somos criaturas feitas por ele, então, não acredito ser sensato o anticristo vir como homem, já que assim, seria ele uma criatura de Deus, desta forma, pareceria que o próprio Deus estaria o enviando; o que pra muitos pode parecer um absurdo, vejamos em especifico, o que diz os versículos 14 e 15 de apocalipse 13.

14-E engana os que habitam na terra com sinais que lhe foi permitido que fizesse em presença da besta, dizendo aos que habitam na terra que fizessem uma imagem à besta que recebera a ferida da espada e vivia.

E engana os que habitam na terra com sinais que lhe foi permitido que fizesse em presença da besta, - a Fake News, termo que representa notícia falsa, tem enganado a muitos que estão diante de uma tela de computador ou Smartfone, a ponto de levar a guerras, influenciar em políticas, separações de casais e até mesmo levar a morte, atualmente isso é uma notícia diária.

Dizendo aos que habitam na terra que fizessem uma imagem à besta – parece que aqui assumirá uma forma por meio de algum robô, máquina ou imagem holográfica. Creio que até certo momento, estaria atuando como um Software, como se estive-se preso dentro da rede; confesso que as vezes sinto, como se tivesse alguma coisa viva dentro dos Smartfones, correndo por ai pela internet mundo a fora, é como se nós estivéssemos olhando para a tela e a própria tela estivesse olhando para nós, como se alguma coisa quisesse se libertar.

Que recebera a ferida da espada e vivia. – Espada pode ter diversos significados, porém ao meu ver o mais plausível seria 'poder' já que A espada simboliza virtude, bravura e poder, e é um símbolo do estado militar, Neste ponto seu poder deve ter sido afetado de forma a deixa-lo inapto, porém ainda estava ativo de alguma forma. Isso baseado na preposição (da) que antecede a palavra espada, que deixa indícios de se tratar de (organização), caso antecedesse pela preposição (de) deixaria méritos para uma (ferida) por arma de punho, que no caso seria a espada. Dificilmente afirmaria algo com exatidão, visto a abrangência de línguas, traduções e correções ortográficas existentes, e mediante a longa jornada que a bíblia enfrentou para chegar até os dias atuais.

15-E foi-lhe concedido que desse espírito à imagem da besta, para que também a imagem da besta falasse, e fizesse que fossem mortos todos os que não adorassem a imagem da besta.

E foi-lhe concedido que desse espírito à imagem da besta, para que também a imagem da besta falasse, – ao receber sua nova e inviolável programação, robô, máquina ou imagem holográfica, agora consegue falar.

E fizesse que fossem mortos todos os que não adorassem a imagem da besta. – aqui parece que aqueles que não obtiverem a tecnologia morreriam, já que ser "usuário" está relacionado com a questão "adoração", mas não creio que uma morte por assassinato, mais sim pelo fato de que, seria impossível sobreviver nesses tempos que virão, sem aderir a essas tecnologias, pois como sobreviveria alguém, em um tempo em que a forma de pagamento fosse apenas um chip implantado, se este não o possuir, visto que seria o mesmo que não possuir dinheiro algum, e também não ter meios de recebimento.

16-E faz que a todos, pequenos e grandes, ricos e pobres, livres e servos, lhes seja posto um sinal na sua mão direita, ou nas suas testas, - parece que todos serão possuidores de um chip ou uma tecnologia parecida.

17-Para que ninguém possa comprar ou vender, senão aquele que tiver o sinal, ou o nome da besta, ou o número do seu nome. – Esse chip será utilizado como identificação e também como forma de negociações financeiras, assim como já estamos utilizando diversos meios de pagamentos e recebimentos de formas virtuais com aplicativos existentes, porém parece que se alguém não possuir o chip dessa tecnologia, terá como sobreviver sabendo expressar qual é o login e senha que o representa, assim como somos representados em diversas instituições como bancos, aplicativos e sites. Se considerarmos a extinção das instituições financeiras físicas e presenciais, poderemos ver pessoas morrendo por falta de acesso, a maior prova disso, foi a criação do aplicativo CAIXA TEM, que de modo emergencial, foi criado em meio a pandemia do Covide 19, para que a população tivesse acesso a um auxílio financeiro que o governo disponibilizou para determinado grupo, por este aplicativo, pode se fazer pagamentos, recebimentos, compras e transferências, sem a necessidade de ter que comparecer em uma instituição financeira, porém, o que mais se viu, foram pessoas aglomeradas em enormes filas, muitos se sentindo mau, e até pessoas chorando, pois precisavam retirar o dinheiro fisicamente, eles não tinham o conhecimento necessário para usar a tecnologia, dessa forma, se não existisse a instituição financeira presencial, eles não conseguiriam ter acesso ao dinheiro disponibilizado, e então não conseguiriam repor suas casas com alimento.

Monstros do Apocalipse?

Ainda em Apocalipse cap.13 v1 vemos a referência para a primeira besta que segundo a revelação surgiu do mar, vejamos:

1-Vi uma besta que saía do mar. Tinha dez chifres e sete cabeças, com dez coroas, uma sobre cada chifre, e em cada cabeça um nome de blasfêmia.

Muitos interpretes e pregadores costumam se referir às bestas como: "O monstro do mar" e "O monstro da terra" o que para muitos é um absurdo, talvez dessa interpretação é que tenham elaborado o filme 'Círculo de Fogo' em 2013, onde bestas que saem do mar tentam dizimar o planeta, em um momento do filme um dos artistas principais chega a

declarar: "não vamos deixar acontecer o apocalipse!".
Porém acho muito difícil monstros surgirem do nada,
seja no mar ou quanto menos ainda na terra, mas isso
tem amedrontado a muitos deixando os apavorados ao
ponto de não quererem saber nada sobre o livro de
apocalipse.

Uma explicação mais lógica ao tema e voltado à
nossa realidade, em relação as bestas do apocalipse,
que segundo a revelação uma surge do mar e outra
surge da terra, seria uma interpretação direcionada, à
existência de algo que poucos conhecem, e não se
trata de surgir alguma coisa do mar ou da terra, mas

simplesmente pela sua representatividade tecnológica, a qual se refere às pouco conhecidas: *SURFACE WEB, DEEP WEB E DARK WEB*, sua representatividade em imagem é conhecida mundialmente e refere-se ao que não conhecemos sobre a tecnologia, deixando entender que coisas surpreendentes podem surgir a qualquer momento, baseado no tema, entendo que essa imagem faz referência a revelação de João, quando disse sobre um dragão, a primeira besta e a segunda besta, visto que, além de sua imagem representativa ser intuitiva ao tema, faz referência à informações tecnológicas de alto poder, onde e quando a IA estiver presente em todas as camadas da internet, aí sim, estaremos perdidos.

A expressão chifres e cabeças a qual João se refere, podem estar logicamente ligadas respectivamente à empresas e seus possuidores, visto que um proprietário pode possuir mais de uma empresa, já o caso das coroas nos chifres, demonstra que essas empresas estão acima de tudo, havendo possibilidade de serem as maiores empresas que comandam e detém o maior poder aquisitivo do planeta. Vejamos na imagem a seguir, a forma como é representada mundialmente a METÁFORA DO ICEBERG, e após, conheça o que são essas três camadas da internet.

Metáfora do iceberg: uma pequena parte pode ser vista por todos, enquanto mais da metade está escondida embaixo d'água. Com a internet, é praticamente a mesma coisa.

A Surface Web, resumidamente, é onde encontramos os canais de busca (Google, Bing, entre outros) e através destes, todo o público tem acesso livre às informações lá postadas, ou seja: é a internet que utilizamos no dia a dia, a quem diga que a Surface Web corresponde a apenas 4% de toda a informação existente na internet.

A Deep Web é composta por sites não indexados, portanto não é possível encontrá-los nos canais de busca, como o Google. Quem acessa a Deep Web, na maioria dos casos, utiliza redes criptografadas, que ocultam a sua identidade, se você acha que na camada da internet a qual você está navegando encontra-se de tudo, você realmente se surpreenderá na Deep Web, ao acessar este ambiente confesso: realmente me surpreendi! e pessoalmente, não aconselho a navegação por lá.

A Dark Web, conhecida como a zona escura da internet, é extremamente complexa, permitindo que apenas usuários avançados consigam navegar por ela. A maioria dos seus sites não fazem o menor sentido, não são como o que conhecemos, são cheios de letras e números aleatórios. A Dark Web é uma pequena parte da Deep Web, nela podem ocorrer crimes, compartilhamento de situações e informações ilegais, como comercialização de drogas, negociações com hackers e assassinos, pornografia infantil e demais delitos.

Interpretações do apocalipse levadas ao pé da letra, nos leva a imaginar que viveremos algo impossível; gafanhotos gigantes com rosto de homem e auto poder de destruição, monstro do mar e também da terra, cabeças sendo decapitadas mediante negação de aceitar o sinal da besta e muitas outras afirmações que não deixam lógicas racionais do que está por vir.

João não tem demérito nenhum na descrição de suas revelações, ele merece consideração de nossa parte, visto que o mesmo tentou da melhor forma possível nos descrever aquilo que via, que na verdade era uma visão do futuro, e claro! no futuro ele viu muitas coisas que não entendia e não soube descrever, vejamos por exemplo o texto seguinte de apocalipse cap.9 v7-10.

7-E o parecer dos gafanhotos era semelhante ao de cavalos aparelhados para a guerra; e sobre as suas cabeças havia umas como coroas semelhantes ao ouro; e os seus rostos eram como rostos de homens.

8-E tinham cabelos como cabelos de mulheres, e os seus dentes eram como de leões.

9-E tinham couraças como couraças de ferro; e o ruído das suas asas era como o ruído de carros, quando muitos cavalos correm ao combate.

10-E tinham caudas semelhantes às dos escorpiões, e aguilhões nas suas caudas; e o seu poder era para danificar os homens por cinco meses.

Neste trecho, João não saberia dizer, que o que ele viu em sua visão na verdade, era um helicóptero de guerra.

A melhor forma que teve para descreve-lo foi esta, diz o texto que eram gafanhotos aparelhados, o que de cara já representa a figura de um helicóptero devido suas hélices e sua carcaça de aço, diz que tinha rosto de homem, aqui fica óbvio que viu na cabine do helicóptero um homem, ou melhor, deve ter visto uma mulher como piloto, pois diz que tinha cabelo como de uma mulher, depois confirma que sua couraça era de ferro e também que suas asas faziam barulho como que de muitos carros de cavalo correndo ao mesmo tempo, todos sabemos que as hélices de um helicóptero faz um barulho arrasador, o versículo 10 fecha essa descrição com chave de ouro pois diz da seguinte forma: *" E tinham caudas semelhantes às dos escorpiões, e aguilhões nas suas caudas; e o seu poder era para danificar os homens por cinco meses."*

Sabemos que o helicóptero possui uma extensa calda, e ao seu final pequenas hélices que deve ser o que João descreve como aguilhões, e para finalizar este trecho, sabemos que helicópteros de guerra foram feitos para atacar homens em combate, combate este, que na visão de João parece ter durado cinco meses.

Vendo desta forma, parece ser bem esclarecedor, veja que essa última imagem, pode esclarecer o fato de ele ter visto dentes como de leões.

Conclusão

Enfim, é certo que há muito tempo a humanidade tem direcionado a responsabilidade do final dos tempos para o inimigo de nossas almas, e nisso parecemos ter razão, mas percebe-se que o empreendimento de tornar real o apocalipse, tem grandes chances de ser realizado pela própria humanidade. Assim como a bíblia se refere à Eva ter caído em tentação por um fruto e ter sido banida do paraíso, mesmo se arrependendo; também cometemos o mesmo erro, o fruto desta vez foi um pouco diferente, mas, nos lambuzamos nele, parece que ainda não percebemos, que não há como retroceder, o interessante nisso tudo, é que o fruto que Eva comeu, é representado por uma maça e lhe foi ofertada com a promessa que adquiriria conhecimento, nós atualmente caímos no mesmo golpe, com a promessa de adquirir conhecimento, a tecnologia chegou, e lá no início, já veio fantasiada de maça, só que Apple, uma das pioneiras na questão tecnologia, Steve Jobs fundador da empresa foi revolucionário na questão tecnológica com suas inspirações, acredito que ele era uma pessoa do bem, hoje, já morto, me pergunto de onde vieram suas inspirações, acreditamos que é apenas evolução da humanidade, mas talvez fosse apenas um plano para a manifestação do anticristo, formulado por ele mesmo, o mundo inteiro chorou pela morte de Steve Jobs, particularmente acho que ele morreu muito jovem, mas, talvez ele não fosse mas necessário para dar continuidade a esse plano, simplesmente teve vida enquanto tornava real as inspirações de outro, e após isso foi dispensado, sabe como é... a serpente era uma inocente, infelizmente, foi usada para transmitir o conhecimento para Eva, a serpente não tem culpa de nada, e agora sou obrigado a fazer deduções como: MAÇA- TECNOLOGIA, STEVE

JOBS- SERPENTE, EVA- HUMANIDADE. A Apple está mordida, assim como retrata seu próprio logo. Eva comeu a maça, teve seu momento de prazer ao saboreá-la, e após o paraíso se findou para ela, nós comemos a maça e estamos em nosso momento de prazer, agora, só nos resta saber o que virá por fim.

Sobre o Autor

Maycon Carvalho, graduado em Recursos Humanos pela Faculdade Unifacvest /SC e graduando em Pedagogia. Técnico de Informática pela Faculdade de Educação Tecnológica do Estado do Rio de Janeiro. Formado em Teologia pela Faculdade Gospel/MG, Professor de Informática, Luthier, Clarinetista, Poeta e Escritor.

Contato: escritormayconcarvalho@gmail.com

Alerta em código binário!

01010000 01101111 01110010 00100000 01101101
01100001 01101001 01110011 00100000 01110000
01100101 01110010 01101001 01100111 01101111
01110011 01101111 00100000 01110001 01110101
01100101 00100000 01110011 01100101 01101010
01100001 00100000 01100001 00100000 01101001
01101110 01110100 01100101 01110010 01101110
01100101 01110100 00101100 00100000 01101001
01101110 01100110 01100101 01101100 01101001
01111010 01101101 01100101 01101110 01110100
01100101 00100000 01101110 11100011 01101111
00100000 01100011 01101111 01101110 01110011
01100101 01100111 01110101 01101001 01110010
01100101 01101101 01101111 01110011 00100000
01101101 01100001 01101001 01110011 00100000
01110110 01101001 01110110 01100101 01110010
00100000 01110011 01100101 01101101 00100000
01100101 01101100 01100001 00101100 00100000
01110011 01100101 00100000 01100101 01110011
01100011 01110010 01100001 01110110 01101001
01111010 01100001 01100100 01101111 01110011

00100000 01110011 01101111 01101101 01101111
01110011 00100000 01100011 01101111 01101101
00100000 01100101 01101100 01100001 00101100
00100000 01110011 01100101 01101101 00100000
01100001 01110011 00100000 01110011 01110101
01100001 01110011 00100000 01100110 01100101
01110010 01110010 01100001 01101101 01100101
01101110 01110100 01100001 01110011 00100000
01100011 01101111 01101101 00100000 01100011
01100101 01110010 01110100 01100101 01111010
01100001 00100000 01101101 01101111 01110010
01110010 01100101 01110010 01100101 01101101
01101111 01110011 00101100 00100000 01101110
11100011 01101111 00100000 01110110 01100101
01101010 01101111 00100000 01101111 01110101
01110100 01110010 01100001 00100000 01101111
01110000 11100111 11100011 01101111 00100000
01101101 01100101 01101100 01101000 01101111
01110010 00100000 01110001 01110101 01100101
00100000 01101101 01101111 01100100 01100101
01110010 01100001 01110010 00100000 01110011
01110101 01100001 00100000 01110101 01110100

01101001 01101100 01101001 01111010 01100001
11100111 11100011 01101111 00100000 01101110
01100001 01110001 01110101 01101001 01101100
01101111 00100000 01110001 01110101 01100101
00100000 01110010 01100101 01100001 01101100
01101101 01100101 01101110 01110100 01100101
00100000 11101001 00100000 01101110 01100101
01100011 01100101 01110011 01110011 11100001
01110010 01101001 01101111 00101110 00100000
01000100 01100101 01101001 01111000 01101111
00100000 01100001 01110001 01110101 01101001
00100000 01110101 01101101 00100000 01100001
01101100 01100101 01110010 01110100 01100001
00100001 00100000 00100000 01000001 01100100
01110001 01110101 01101001 01110010 01100001
01101101 00100000 01100011 01101111 01101110
01101000 01100101 01100011 01101001 01101101
01100101 01101110 01110100 01101111 00100000
01110000 01100001 01110010 01100001 00100000
01110101 01110011 01100001 01110010 00100000
01100001 01110011 00100000 01100110 01100101
01110010 01110010 01100001 01101101 01100101

01101110 01110100 01100001 01110011 00100000
01110100 01100101 01100011 01101110 01101111
01101100 11110011 01100111 01101001 01100011
01100001 01110011 00101100 00100000 01101001
01110011 01110011 01101111 00100000 01110011
01100101 01110010 11100001 00100000 01110001
01110101 01100101 01110011 01110100 11100011
01101111 00100000 01100100 01100101 00100000
01110110 01101001 01100100 01100001 00100000
01101111 01110101 00100000 01101101 01101111
01110010 01110100 01100101 00100000 01100101
01101101 00100000 01110101 01101101 00100000
01100110 01110101 01110100 01110101 01110010
01101111 00100000 01100010 01100101 01101101
00100000 01110000 01110010 11110011 01111000
01101001 01101101 01101111 00101110 00101110
00101110 00001010 00001010

Tradução do código binário na 2º edição!

Mensagem subliminar

Existe uma mensagem subliminar dentro do texto da Introdução, tente desvenda-la, caso não consiga a resposta estará na 2º edição desta obra!

Lembrando que:

Mensagens subliminares são aquelas que os sentidos humanos não conseguem perceber de forma consciente, assim, a mensagem atinge outra parte do cérebro humano, o subconsciente.

O termo foi inventado por James Vicary, um especialista em marketing americano, no ano de 1957.

Conheça outros lançamentos

Fatos, estudos e pesquisas que não deixam margem de dúvidas quanto a Conspiração Satânica arquitetada ao longo de todos esses séculos. Neste livro portanto, descrevo de forma clara alguns destes fenômenos que aparentemente não notamos e nem damos a atenção merecida. Porém, eles se mostram claramente como agentes do mal que buscam influenciar em vários setores da sociedade, corrompendo os bons costumes, trazendo miséria, fome, mortes e destruições.

Neste caso, haveria alguma possibilidade de uma base bíblica que pudesse ser comparada às profecias dos últimos dias? Não tenho dúvidas de que este livro estará preparando-o como também trazendo um alerta para os acontecimentos escatológicos, ao ponto de mudar inclusive a sua forma de ver e crer nas coisas. Porém, ao fazer a leitura deste livro, você se surpreenderá com todos fatos que não são meros acontecimentos, e sim, sinais dos quais eu e você temos que estar preparados. Por isto estou certo que o Espírito Santo colocará em seu coração uma nova

visão para ver aquilo que poucos vêem. Convido-o a
ampliar o seu ângulo de visão e de raciocínio para
não receber de forma apavorante tudo quanto ler, mas
sim para que, de forma analítica, você possa
compreender e chegar à conclusão que tenho como
objetivo: despertar
através deste livro, a salvação em Cristo Jesus.

ANTICRISTO OU INTELIGÊNCIA ARTIFICIAL?

Pattápio

CHERCHEZ LA FEMME

Maycon Carvalho

Esta obra, tem o intuito de não deixar morrer a história de um grande músico, o maior flautista brasileiro que nascera em Itaocara RJ, o mesmo foi possuidor de tamanho e inexplicável dom que o fizera ser invejado por muitos. Resumidamente, foram reunidos fatos importantes que darão ao leitor um conhecimento mais abrangente do que acontecera com o possuidor da flauta mágica, deixo claro que, muito ainda pode ser explorado sobre ele, sobre o que de fato ocorreu ou sobre o que de fato viveu. Seus sonhos, seus objetivos, sua trajetória, todos interrompidos, mais enfim: o que levou a sua morte? A doença? A inveja? Ou o preconceito? Isto é o que veremos durante essa leitura emocionante e conquistadora, que te levará a desejar saber ainda um pouco mais sobre o grande flautista Pattápio Silva. Todos os fatos escritos neste trabalho, são baseados em fatos reais. Viaje no passado ao fazer essa leitura e se surpreenda com as descobertas que virão ao seu decorrer.

Fontes e referências

Guimarães, A.; Cordeiro, L.; Ferreira, O. M.C. Gestão de Pessoas. Paraná: IESDE BRASIL S/A, 2018

Seifert. P.A. Filosofia das Ciências Sociais. Paraná: IESDE BRASIL S/A, 2018

Carneiro, M. História da Educação. Paraná: IESDE BRASIL S/A, 2017

Bíblia de estudo pentecostal, tradução/ João Ferreira de Almeida. Revista e corrigida. ed.1995.

G1 – O portal de notícias da Globo

Wikipédia

Olhardigital.com.br

O DILEMA DAS REDES. Jeff Orlowski / Larissa Rhodes. Netflix, 9 de setembro de 2020.

CONTROLE ABSOLUTO. D. J. Caruso. Patrick Crowley, Roberto Orci, Alex Kurtzman. Eagle Eye, 26 de setembro de 2008

O INCRÍVEL HULK. Louis Leterrier. Marvel Entertainment, Marvel Studios, Universal Studios, Valhalla Entertainment, Valhalla Motion Pictures, 13 de junho de 2008.

CÍRCULO DE FOGO. Guillermo del Toro, Pacific Rim, 9 de agosto de 2013.

O HOMEM BICENTENÁRIO. Chris Columbus, Touchstone Pictures,11 de fevereiro de 2000.
VELOZES E FURIOSOS 8. F. Gary Gray, Universal Studios, Original Film, One Race Films, 13 de abril de 2017.

Ao decifrar, escreva aqui a mensagem subliminar da introdução!

Ao decifrar, escreva aqui o alerta do código binário!

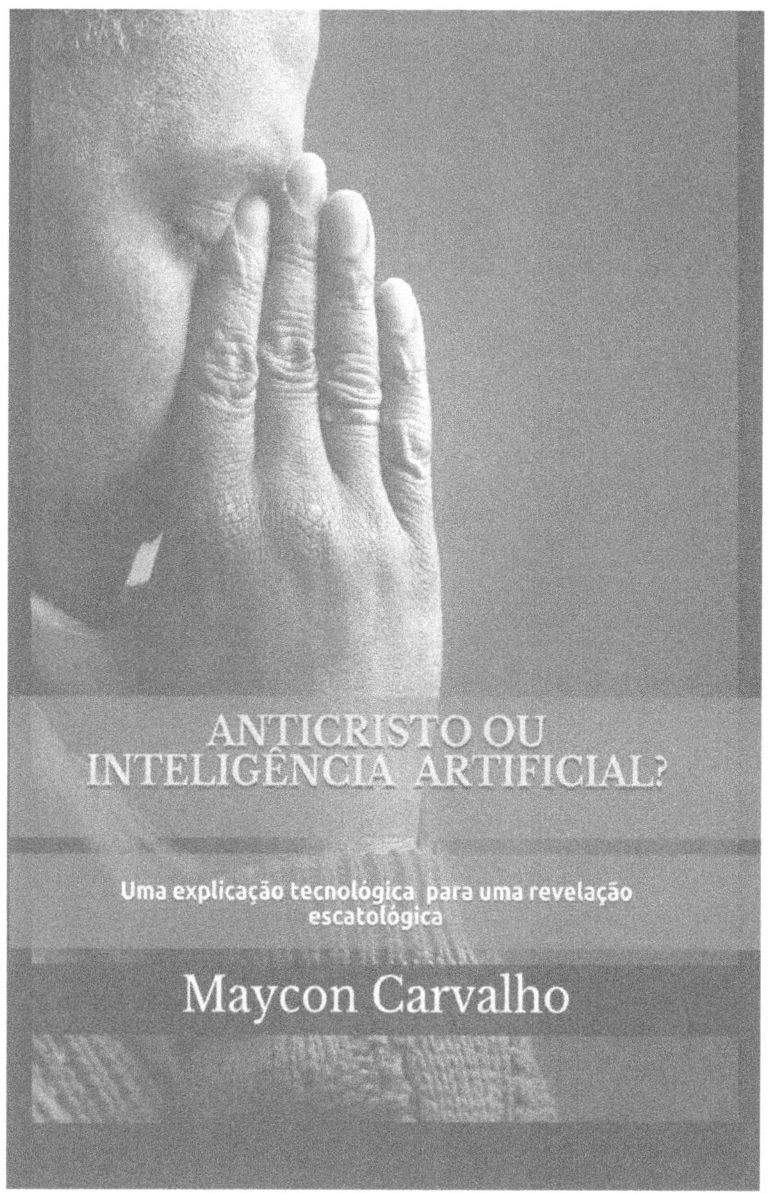

ANTICRISTO OU
INTELIGÊNCIA ARTIFICIAL?
Uma explicação tecnológica para uma revelação
escatológica
Maycon Carvalho

www.ingramcontent.com/pod-product-compliance
Lightning Source LLC
LaVergne TN
LVHW010540200726
843506LV00013B/2904